George E. Fuhrken

De David li prophecie - Ein altfranzösisches Gedicht aus dem XII. Jahrhundert.

George E. Fuhrken

De David li prophecie - Ein altfranzösisches Gedicht aus dem XII. Jahrhundert.

ISBN/EAN: 9783743602632

Hergestellt in Europa, USA, Kanada, Australien, Japan

DE DAVID LI PROPHECIE.

EIN ALTFRANZÖSISCHES GEDICHT AUS DEM XII. JAHRHUNDERT.

ZUM ERSTENMAL NACH DER HS. HERAUSGEGEBEN

UND ALS

INAUGURAL-DISSERTATION

ZUR ERLANGUNG

DER DOCTORWÜRDE

DER

HOHEN PHILOSOPHISCHEN FACULTÄT

DER

VEREINIGTEN FRIEDRICHS-UNIVERSITÄT HALLE-WITTENBERG

VORGELEGT

VON

GEORGE E. FUHRKEN

AUS LONDON.

HALLE A. S.

DRUCK VON EHRHARDT KARRAS.

1895.

„De David li prophecie"
ein altfranzösisches Gedicht aus dem XII. Jahrhundert.

Einleitung.

Das vorliegende Gedicht findet sich in einer Hs. des Britischen Museums (Additional Mss. 15606, fol. 6—17), welche im 14. Jahrhundert in Burgund geschrieben worden ist. Bis jetzt ist von unserem Gedicht nur ein Bruchstück von Paul Meyer in der Romania (VI Seite 1) veröffentlicht worden. Dieser Gelehrte rechnet es zu den „Débats", da es ein Kampf der Tugenden und Laster und zwar in der Form einer Allegorie, schildert; Jerusalem ist die Seele des Christen, Babylon stellt die Hölle vor und mit der Belagerung Jerusalems durch Nabuzardan (Könige IV. XXV.) vergleicht der Dichter die Belagerung der Seele durch den Teufel.

Der Inhalt ist kurz folgender: die Belagerung Jerusalems, erst historisch und dann symbolisch, durch die sieben Hauptlaster (v. 1—140); über Grausamkeit und Feigheit (—214); über Verschwendung und Geiz (—264); über Stolz und eitle Ruhmsucht (—328); über helfende Liebe zum Nachbar (—416); über Unzucht und Wollust (—512); über die Aufgabe der Priester und der strebsamen Menschen (—976); über die falschen Priester (—1188); über den Reichtum und seine Verführung (—1240); Ermahnung zum guten Leben (—1312); über die Cardinaltugenden (—1328); über die zwölf Eingänge, die Strafsen und die Klarheit der heiligen Stadt (—1484); Schlufsrede (—1492).

Zuerst erwähnt der Dichter die Schönheiten und Wunder der heiligen Stadt und erklärt dann ausdrücklich, dafs er sein Thema allegorisch behandeln wolle. Von Babylon werde er nicht erzählen, denn das sei die Wohnung des Teufels und seiner Knechte. Darauf wird die Belagerung, Eroberung und Zerstörung Jerusalems durch den König von Babylon und seinen Hauptmann Nabuzardan, welcher „princes queurs de la coisine" genannt wird, erzählt; dies alles wird allegorisch gedeutet. Dann führt der Dichter die Werkzeuge des Teufels, die Laster (vaine glore, envie, ire ou forsenerie, duel ou tristece, avarice, glotenie, luxure) an, und zwar erklärt er die für die gefährlichtten, welche den Tugenden am ähnlichsten sind (1—140). Die Richter sollen nicht aus Grausamkeit dem

Laster verfallen. Falsches Mitleid haben die mit dem Laster, die Gerechtigkeit nicht üben wollen. Wenn der Richter sich selbst nicht verurteile, wie könne er Gerechtigkeit üben? Er solle den Angeklagten nur bestrafen, damit er zu sündigen aufhöre, denn die unbestrafte Sünde entwickele sich immer weiter (141—214). Zwei Laster seien von den Tugenden schwer zu unterscheiden, die Habsucht und Verschwendungssucht von der Sparsamkeit und Freigebigkeit, die immer von Umsicht begleitet sein müſsten. Der Stolz und die Eitelkeit bildeten gleichsam die Nachhut des Heeres, welches uns angreife. Die Erinnerung unserer menschlichen Schwäche solle uns vor beiden schützen. Wenn die Stadt diese Fehler offen zeige, so greife sie der Hauptmann der Laster ohne Schutzwehr an; ebenso leicht würden ihm die Thore geöffnet, wenn Ueppigkeit und Wollust darin herrschten (215—328). Wenn er jedoch durch offenen Angriff nicht sein Ziel erreichen könne, so schicke er die Schaar der Bedürftigen voraus und verursache eine neue Versuchung: „man solle den Armen helfen und seinen Nachbar lieben", aber der Teufel fügt hinzu: „man lasse den Armen sich an Gott wenden, denn wenn man allen seinen armen Verwandten helfen solle, komme man selbst in Verlegenheit; man könne den Armen geben so viel man wolle, sie kämen immer wieder, um zu betteln, und gehe es einem später selbst schlecht, so werde man von den anderen verspottet und gerate in ihre Macht" (329—416). Mit solchen Listen zerstöre der Teufel die Stadt. Nabuzardan sei der Tafelmeister des Königs, und als solcher ein Vorbild der Gefräſsigkeit. Dieses Laster sei das Verderben Vieler, es wende sie von Gott ab und erzeuge die Wollust. Dadurch sei auch Jerusalem, wie früher Sodom und Gomorrha vernichtet worden. Wie die Stadt, so werde unsere Seele angegriffen; halten wir sie rein, so gelinge es uns in den Himmel zu kommen (417—512). Gott liebe nicht die falschen Priester, sondern diejenigen, welche die Thürme und Mauern der heiligen Kirche seien. Die heiligen Männer seien die Steinfliesen des Tempels Salomonis, so hergerichtet, daſs sie zuletzt ohne weiteres ihren Platz in dem Gebäude des Herrn einnehmen könnten; solche würden vom Teufel nur geglättet und geprüft; die Schlechten würden vom Hammer Gottes, d. h. vom Teufel, mit Zustimmung des Herren, zerbrochen. Dann werden alle ermahnt, ihr kurzes Leben dem Dienste Gottes zu widmen. Wir seien alle Pilger und sollten uns nicht durch die Schönheiten des Lebens zurückhalten lassen, sondern immer unseren Weg fortsetzen. Der Weg wäre kurz, und wir sollten uns nicht zu schwer beladen, sonst gelänge es uns nicht den Rosenkranz der himmlischen Pracht zu erwerben. Der Teufel suche uns zurückzuhalten, und stelle uns das Gegenwärtige vor, damit wir es genieſsen und uns um die Zukunft nicht bekümmern sollten. Die Bürde, die wir mit uns tragen und uns in Versuchung führe, bestehe aus den Reichtümern; „laſst sie uns den Armen geben, denn was helfen sie uns wenn wir todt sind", ruft der Dichter aus. Doch die Hauptsache sei, dafs wir Gott lieben; er gebe uns genug zum Leben und verspreche uns mehr für die Zukunft. So sollten wir sein Geschenk in seinem Dienste verwenden. Man müsse den Geber mehr als das Gegebene lieben, aber nicht nur so lange, als er gebe. Die Menschheit sollten wir lieben, die Mildthätigkeit und nächst Gott unsern Nachbar. Je gröfser unser Reichtum, desto gröfser unsere Verantwortlichkeit. Die Gefahr des reichen Mannes sei, dafs er das Geschenk mehr liebe als den Spender. In der Not kehre mancher zu Gott zurück; daher sei das Unglück häufig unser Heil. Die Bekehrung bestehe nicht nur in dem Anlegen von reinen Gewändern; doch könne sowohl in weifsen Kleidern eine reine Seele leben als auch in armen Lumpen sich ein gutes Herz finden. Wozu diene kostbare Kleidung, welche meistens eine verdorbene Seele bedecke. (513—976). Es folgt nun eine lange Tirade gegen die Priester. Aber, trotz ihrer Verderbtheit, sollten die Laien sie nicht verurteilen, sondern verehren. Wir sollten auf ihr Wort achten und nicht auf ihr Aeufseres. Denn in dem Aeufseren könne man sich leicht irren, wie ein Weib uns gefallen könne durch Schönheiten, die ihr nicht gehören. Jetzt spricht wieder der Teufel: der, welcher das Feuer der Liebe fühlt, soll seinen Willen haben; ein Mädchen ist nicht schön geschaffen worden, um keusch zu bleiben, die Keuschheit ist nie fruchtbar gewesen u. s. w., Behauptungen, die im Folgenden widerlegt werden (977—1188). Darauf wird von der Eitelkeit gehandelt, und wie man den Reichtum gebrauchen solle; durch das aufhäufen von Reichtümern werde viel Böses verursacht (1189—1240). Dann spricht der Dichter wieder von kostbaren Gewändern, und vom symbolischen Hochzeitsfeste, worauf man sich vorbereiten müsse. Andere Wiederholungen folgen (1241—1312). Der Rest des Gedichts ist vielfach aus der Offenbarung Johannis entnommen. Es wird zuerst von den vier Tugenden (Glaube, Hoffnung, Liebe und Werke in unserem Herren), dann von den zwölf Aposteln und den zwölf Eingängen in die heilige Stadt, ferner von der Bedeutung dieser Zahl gesprochen, und endlich wie man durch das Hauptthor kommen müsse. Dann von dem Pflaster der heiligen Stadt und von der Klarheit, die sie erleuchtet (1313—1484.) Das Gedicht schliefst mit einer Angabe der Abfassungszeit (1180), wodurch es, nach P. Meyer, vor allem wichtig ist. Eigentlich ist nur der erste Teil des Gedichts allegorisch, denn die Allegorie wird allmählig aufgegeben und scheint dem Dichter am Ende lästig geworden zu sein. Der übrige Teil ist blofs eine Predigt, in welchem sich der Dichter der Quelle (Bibel) mehr anschliefst; dieser Abschnitt des Werkes ist infolgedessen weniger selbständig und weniger interessant. Der Titel rührt wohl vom Schreiber her; denn er steht mit dem Inhalt nicht in einer deutlichen Verbindung; Sankt David wird nur einmal im ganzen Gedicht erwähnt. Seinen Stoff hat der Verfasser zum Teil nicht ohne Originalität behandelt. Der Schreiber ist daran Schuld, wenn der Sinn in zielen Fällen nicht klar ist, denn er hat augenscheinlich mehrere Stellen misverstanden und das Gedicht lange nach der Entstehungszeit abgeschrieben.

P. Meyer kennt keine andere Hs. des Gedichts, noch kann er eine andere Quelle angeben, aufser der Bibel und den Gemeinplätzen der Theologie. Es ist auch mir nicht gelungen eine direkte Quelle festzustellen. Meyer erinnert ferner an die später verfafsten Gedichte von Giacomo da Verona „De Jerusalem celesti" und „De Babilonia infernali", von welchen das erste mit unserem Gedicht viele Aehnlichkeiten besitzt und wahrscheinlich von ihm beeinflufst worden ist.

Die Sprache des Dichters.

1. Das Metrum des Gedichts ist der Achtsilbner mit männlichen und weiblichen Reimen. Wenn wir die Versausgänge untersuchen ergiebt sich zunächst, dafs die Verse paarweis und mit einigen Ausnahmen ursprünglich rein gereimt sind. Lücken kommen nach v. 40, 322, 491, 1044 und 1114 vor.

Das Gedicht ist nicht ursprünglich in der burgundischen Mundart verfafst worden; ein Blick auf die Reime läfst dies sofort erkennen. So haben wir *boivre* : *glore* (113) im Reim, wo offenbar *boire* : *gloire* stehen müfste. Was die ursprüngliche Mundart gewesen ist, ist jedoch schwer zu bestimmen.

2. Der Schreiber hat in vielen Fällen, wo er die Reimsilbe geändert hat, den dazugehörigen Reim unverändert gelassen. So stehen zusammen *richace* : *autece* (5) *letre* : *motre* (25) *glore* : *memoire* (279) *meine* : *ploine* (1433) *deluive* : *pluve* (477) *chancelent* : *apalent* (155) *faire* : *saintuare* (1059) *arriere* : *menere* (123). Andere Fälle liegen vor in v. 201, 357, 685, 875, 1029, 1065, 1069, 1089, 1427 und 1445.

Der Schreiber setzt *justise* : *vice* (142) und : *malice* (168) statt *justice*. Er setzt *suens* : *biens* (348) statt *siens*.

Einige Schreibfehler und grammatische Nachlässigkeiten kommen in folgenden Versen vor:

122 *desert* fehlt das *t*.

818 *hons* sollte *hon* heifsen.

857 *riens* sollte *rien* heifsen.

841 *loint* : *besoint* sollten *loing* : *besoing* geschrieben werden; vergl. richtig *soing* : *besoing* (747).

1309 *esliz* : *deliz* sollten *eslit* : *delit* heifsen.

775 *prochain* : *lòitain* ist in *prochien* : *loitien* zu ändern, dies beweist der Reim suen (Dichter sien): loitien (785).

875 *mansonge* : *esloigne* haben *mansoigne* : *esloigne* gelautet, nicht *mansonge* : *eslonge*. Der Beweis ist in v. 151, wo *esloigne* : *tesmoigne* zusammenstehen, denn *tesmonge* aus lat. *testimōnium* wäre unmöglich.

3. Augenscheinlich falsche Reime sind ferner:

dire : *matiere* (21). Der Verfasser hat *matire* gesprochen.

repaires : *contraire* (259). Lesen wir *sont .ij. repaire* statt *hont .ij. repaires* so ist der Reim hergestellt.
demaine : *regne* (93). Regne wird verschiedenartig im Mittelalter gereimt; diese Stelle zeigt uns die Aussprache *raine*.

4. Ungenaue Reime sind folgende:
bons : *nos* (1163).
nos : *servons* (1263).
nos : *haions*, wenn nicht die in den Anmerkungen vorgeschlagene Verbesserung angenommen wird.
foible : *voide* (313), deutet auf östliches Gebiet (vgl. Meyer-Lübke, Gramm. des Lang rom. I S. 191).
viaige : *charge* (649).
charge : *saige* (687).
charge : *coraige* (691).
semble : *temple* (557).
crestiën : *veraiement* (1337) *Jherusalem* : *sen(t)* (55).
conter : *cité* (3).

5. Zu bemerken ist ferner der Reim *conuist* : *nuist* (973). Man erwartet conọist [lat. cognōscit]. Vergl. Suchier, Altfranzösische Grammatik, Seite 34.
Derartig ist auch der Reim *desdus* : *cruis* (1029).

6. Vor dem Consonant t scheint s öfters unbeachtet zu sein.
celeste : *prophete* (3) *prophete* : *amoneste* (1219).
fait : *laist* (195) *Jhesucrist* : *despit* (1453). Vergleiche *fit* : *Jhesucrit* (1491).

7. Nasale a und e stehen im Reim gebunden
despent : *quant* (257) *gent* : *devant* (337).
avant : *espent* (777) *gens* : *mescreans* (1381).
Zu beachten ist auch *vaine* : *plaine* [plēnus] (1325).

8. Aus der Silbenzahl ergiebt sich, daſs in der Sprache des Verfassers manche Wörter in zwei Formen existierten.
aïdier und *aidier* (341, 378) *ahie* und *ahue* (vergl. § 26).
deüssaint, *daüssaint* (980, 982) und *dussaint*, *dāossaint* (1047, 1028).
meïsme, *meïme* (793, 185) und *meme* (493).
neül (422) und *nul* (312) *verité* (20) und *verté* (527).
veës als Ind. Präs. 2 Plur (683) und *vēes* als Interjection (825).
somes [sumus] zweisilbig (627, 1088) und *sons* (869, 281).
comme (50) und *con* (35) *arriere* (123) und *arrier* (151).
decivre (1225) und *decevor* (686).
besoigne (397) und *besoing* (748).
enfermeté (278) und *anferté* (280).
jovente (505) und *jovent* (1140).
covoitié (361) und *covoitise* (727).
inelement (868) und *isnelmant* (1317).
puisse (169) statt *puist*, *puest* (1182, 381) kann so gut vom Schreiber als vom Verfasser herstammen.

9. Der Hiatus ist häufig vorhanden; aufser der zahlreichen Stellen, wo *que*, *se* und *ce* vor Vocalen als eine volle Silbe gelten, finden sich nur

por ce qu'el donë a mesure (256).
qui plus ainmë autre que soi (394).
lon leu ou naist chaufë avant (777).

Also nur in der 3. Sg. Verbi auf ë. Sonst gilt das e der 3. Sg. nicht als eine Silbe, wo es vor vocalischem Anlaut vorkommt. Vgl. v. 57, 119, 137, 163, 169 u. s. w.

10. Nomina auf -e (welche später ein -s annahmen) gehen meistens auf -e aus.

sire : *dire* (1178) *sire* : *despire* (1211).
Aber *li batres* (839), daneben im Reim *li chastoier* (839).
Vergl. *autre* (901) aber *povres* (399, 761); *hon* (818 Hs. *hons* und 1254) mit *sarmon* und *non* gereimt.
pechierres : *jugerres* (1065 und 1445) sollten wohl *pechierre* : *jugierre* heifsen. Vgl. 357 *preecherre* : *arriere*.

11. Der Voc. Plur. hat kein -s angenommen
signor (1 : *menteör*) *segnor* (175 : *jugeör*).

12. Accusativ als Nom. wird v. 761 und v. 1150 gesetzt.
mendi (Hs. *mendiz* : *li*), (*preecheörs* :) *lecheörs*.

In beiden diesen Fällen könnte jedoch, da der Dichter in nicht weniger als neun Fällen Assonanz anwendet, die Flexion rein und der Reim unrein gewesen sein.

13. Adjectiva der lat. Dritten haben im Fem. nicht -e angenommen. *tel gent* (402) *de tel nature* (467).
la fort roiche (538) *grant menere* (1089).

Auffallend ist die weibliche oxytone Adjectivform
celestiaus (84 : *ceaus*).

14. *Mien*, *tien* sind durch die Reime gesichert. (vergl. v. 1488.)
No, *vo* statt *nostre*, *vostre* kommen nicht vor.

15. Im Futurum kommt nur *rendra* (855), *perdra* (674), nicht die längere Form vor.

16. Formen des Imperfectums und Condicionales in der 1. und 2. Pluralis sind nicht vorhanden.

Der einzige Fall wo ein Imperf. Ind. 3. Plur. im Reim vorkommt ist *sovient* : *pensiënt* (1043). Doch könnte auch *pensoient* mit dem folgenden *amanderoient* (1046) zusammengehören.

17. Sonstige 1. Plur. *Jujomes* (233), *somes*, *somez* (627, 1088, 287) sind die längeren Formen, welche neben gewöhnlich. *-ons* (nie *-on*) vorkommen. Vergl. *sons* (281, 869).
poons : *paissions* (851), *mondons* : *bons* (1257).

Sonstige 2. Plur. Im Reim kommen vor:
pidiez : *aidiez* (363) *velontez* : *sentez* (1121).
veez : *avez* (683) *veez* : *savez* (1083) *serois* : *jugerois* (177).

Also kein Fall wo das Fut. mit dem Präs. gereimt wäre.

18. *Nen* vor Vocal kommt in v. 340, 521, 623, 747, 785, 812 und 1104 vor, vor Consonant nur in v. 1267. *Ne* vor Conson. und *n'* vor Vocal sind zahlreich.

19. ai mit e im Reim kommt nicht vor. Reime in ai sind
faire : *traire* (530, 112) *faire* : *contraire* (574 u. a.).
faire : *retraire* (660, 714) *faire* : *vicaire* (896).
faire : *haire* (1047) *faire* : *saintuare* (1057).
fait : *laist* (195) *fait* : *plait* (448) *plait* : *entresait* (19).
plais(s)e : *laisse* (251) *repaire(s)* : *contraire* (259).
trait : *agait* (319) *pais* : *malvais* (568) *pais* : *lais* (1481).
essaie : *chaie* (598) *atrait* : *bienfait* (796) *forfait* : *lait* (1235).

20. Inlautendes e vor Vocal kann verstummen.
daossaint und *dussaint* neben *deüssaint* (§ 8).
abie (431 Hs. *abaie*) aus *abeïe*.

21. e aus lat. ĭ oder ē kommt nur vor in den Reimen
parẹce (Hs. *paroce*) [*pigritia*] : *redrẹce* (Hs. *redrace*) (1005) und *lẹtre* : *mẹtre* (Hs. *motre*) (25).
Von den Fremdworten *prophẹte* (32) *regne* (94) sehe ich ab.

22. ẹ und ę werden gebunden in
ruissẹl : *Israel* [isrăēlem] (539), doch hat *Israel*, wie die Namen auf *-el*, ein *ę*.

23. e+i wird immer i.
sire : *anpire* (85) *dire* : *mati(e)re* (21).
pris : *pis* (289, 953) beweist nichts.

24. ǫi und oi (= ei) stehen im Reim gebunden
ǫite : *covoite* (315) *aǫite* : *covoite* (385) *voie* : *jǫie* (1303) *foire* : *glǫire* (911, 955) *estǫire* : *voire* (71) *boire* : *glǫire* (113) *primevoire* : *glǫire* (671). Zu vergl. ist *esloigne* (= *eslueint*) : *tesmǫigne* (*tesmǫint*) (151).

25. ǫ findet sich mit ọ gebunden (vgl. Romania XIX, 332).
clǫse : *preciọse* (7, 1404).
hingegen *ǫse* : *clǫse* (331) *chǫse* (von *chǫser*) : *clǫse* (517).
ǫ : ọ findet sich im Yzopet de Lyon (Franche-Comté) und Foerster führt *sǫte* : *toute repǫse* : *delọse bǫte* : *plǫte decoupe* : *desvelǫpe hǫre* : *restǫre riote* : *dọte* und *nǫte* : *dote* an. Auffallend sind die Reime in der Image du Monde von Gautier de Metz (vergl. G. Haase, Untersuchung über die Reime in der Image du Monde, Hallesche Dissertation 1879) wo *fors* [*foris*] : *cours* (4249) und *encore* : *sis eures* (3893) vorkommen. Demnach könnte man vermuten, daſs unser Dichter in Ostfrankreich zu Hause war.

26. Einzelne Erscheinungen:
Lat. *defŏris* erscheint in zwei Formen; v. 916 steht *defuer* : *cuer* [*cŏr*], 942 steht *defǫrs* : *cors* [*cŏrpus*].
Leu [*lŏcus*] reimt mit *preu* [*prŏd*] (179).

Deus [*duos*] reimt mit *ęus* [*illos*] (217).
Delu(*i*)*ve* [*dilūvuim*] reimt mit *pluve* [*pluviam*] (477).
Plaisir erscheint (137 : *repentir*) als Infinitiv und der Subj. lautet *place* (191 : *hace*).
Parcreüe reimt mit *eschue* (46) für gewöhnl. *eschive*.
Boire (Hs. boivre) reimt mit gloire (113).
Traval reimt mit *contretal* (311). Also nicht *travail*.
Nobile reimt mit *vile* (15). Nicht *noble*.
Von *adjutat* haben wir *ahie* (365 : *vie*) und *ahue* (1127 : *pordue*). Das Subst. lautet *haüe* (843 : *argue*).

27. Die Endung -ion ist stets zweisilbig, sowie -iën in *anciën*, *terriën*, *crestiën*, *liën*.

De David li prophecie.

(6a) Or m'antandez un pou, signor!
Ne me tenez por menteor
de ce que je vos veul conter:
de Jherusalem la cité,
de la beauté, de la richace,
de la bonté, de la autece
des murs de pierre preciose
dont la cité est tote close,
de la mervoilouse clarté
qui anlumine la cité,
et des portes et des antrees
de chieres pierres aornees
et dou precios pravement
qui tote la cité porprent,
des tors de la cité nobile,
et des citiëns de la vile,
qui a deu chantent los et graces
por les rues et por les places.
Que vos faroie je lonc plait?
C'est la verité entresait.
De la cité nus ne pet dire
ne l'estoire ne la matiere.
Meas vaut assez que je ne di,
et de certain lou vos afi,
car an tot ce selonc la letre
ne devez pas vostre sen motre,
car c'est dit por allegorie;
et autre chose senefie
ceste Jherusalem terrestre.
Ne sai commant poïst cel estre

---

3 conte   12 des   24 et fehlt

(6b) de la Jherusalem celeste
dont prophecié li prophete
hont; neporquant nou di de l'une,
propheciẽ ont de chascune,
si con tesmoigne l'escriture.
Ceste cité, ceste figure,
signor, quan que ce senefie
je n'ai pas lou sans que vos die,
mas neporquant tant vos an di:
selonc ce que deu servons ci
. . . .
. . . .
chascun di des bonsheürez,
ne di pas chascun des danpnez;
la n'avront ja li felon part.
Car Babiloinne iert d'autre part,
la cité de confusion,
ou il avront lor mansion
avec Sathan, qu'il hont servi
comme si home et si ami:
c'est leus de peine et de martire
de plaint, de plor, de duel et d'ire.
De cestu lais la mencion,
car il n'i a se tormant non;
et dira de Jherusalem
ce que j'en croi et que j'en sen.

Hon trove an l'estore anciëne
la Jherusalem terriëne
li rois de Babiloinne assist,
et tant sit devant qu'il la prist;
arst et destruit la deu maison
lou cecle temple Salemon.
Tot an porta l'argent et l'or:
(6c) ce fut Nabugordonosor.
Grant mal fit an Jherusalem
a icest tens Nabuzardan:
les oz conduist des chevaliers,
et fut maitres confanoërs;
princes queurs fut de la coisine;
au roi fit la cité encline.
De fi savons selonc l'estoire:
ceste destrucion fut voire.
Li pueples ot deu corrocié;
si lor avint de lor pechié.

---

32 dō hōt p. 33 hont] tuit nou] nos di] dit 43 bonesheurez
66 Nabradanz

La prise de ceste cité
vos veul traire a moralité;
hoez, selonc l'allegorie
que ceste priese senefie.
Ce devez vos tuit savor bien
que l'arme a chascun crestiën
ou est de pais la vision
est citez deu et mansion
de ceaus sera, laissuz es ceaus,
Jherusalem celestiaus.
De Babiloine est rois et sire
deäbles, lai tient son anpire:
c'est an anfer, ou li felon
seront a grant confusion.
Icil nos essaut nuit et jor;
il n'ot onques pais ne sejor.
Chascun de nos essaut et tante
de ce mal ou plus met s'entente,
de la cité de deu demaine
vot avor li felons lou regne.
(6d) Antor ai ses engins dreciez;
se prendre la pet mont ert liez.
De ses angins, de sa boidie
vos contera une partie;
et por ce les vos veul conter
que vos les puissez eschiver.
De toz mal est orguel reïne
commancemens et racine.
Ele ai .vij. vices principauz
qui conduënt les autres mauz.
Ses premiers dux est vaine glore
a tesmoin an trai sain Gregore.
Et li segons si est envie;
li tiers ire ou forsenerie.
Duel ou tristece li quars vice;
apelons lou quint avarice.
Li sextez ai non glotenie,
s'a grant pooir et grant baillie;
qu'en son maingier et an son boivre
est toz ses desduit et sa glore
et fait mont pute angendreüre.
Li sesme mal genre luxure;
ceste destruit tot bien et art
et fait des vertuz grant essart.
Chascun de cest .vij. moine ou soi
maint autre vice an l'ost lou roi.

---

93 de deu demaine] deu deiuaine 104 autre 120 mains autres vices

Cant ne pet por ces an apert
la cité deu metre a deser,
si fait un petit traire arriere
adonc l'essaut d'autre menere.
Car li vices, qui vertuz samblent,
(7a) por la cité prendre s'asemblent.
De tant l'asaillent plus griemant
con il hont des vertuz samblant.
De ces ne se pet l'on garder
s'on nes set des vertuz sevrer.
Au conoistre covient grant cure
por ce qu'ont semblent armeüre.
Assez sont mal qui senblent bien.
Mont est liëz de grief liēn
qui est et pris et retenuz
des vices qui semblent vertuz.
Qui son mal cuide a deu plaisir
a poine s'en puet repentir.
S'il n'ai de son mal conoissance
comant en fera penitance?

De crualté cheent en vice
maint qui cuident tenir justice;
car ire et force les demeine
et droiz nes conduit ne nes meine.
Et justise desmesuree
si est crualtez apelee.
Comment puet on justise dire
ce que haïne fait en ire?
Ne puet estre justise fine
faite por ire ou por haïne.
Ire arrier de justise ezloigne
si con l'autoritez tesmoigne.
Et mains sont laische justisier
cant doivent les pechiez vaingier;
et cant en justise chancelent
la lascheté pidié apalent,
(7b) s'abandenent faire pechié
por ce qu'il ont fause pitié.
Fause pitié ont cil dou vice
qui ne valent tenir justice.
Ensi justise cruautez
et pitié semblent laschetez.
Avient que, c'il qui juge est sires
et mains mals li sers, que li sires
doit les mals an autrui jugier,

---

130 sō nest des v. 151 sezloigne 159 cel

en soi norrir et esparnier.
C'il est conpains de la malice,
por quoi ne fait de soi justise?
Con puisse estre juste, non voi,
s'il ne vainge lou mal en soi;
ou son pruisme doit esparnier
ou soi come celui jugier.
Car plus doit il aïr en lui
lou mal qu'i ne fait en autrui.
Une chose saicheiz, segnor,
qui dou siegle estes jugeör:
dex dit que vos jugiez seroiz
issi con autrui jugeroiz.
Selonc tens et persone et leu
si soiez droiturier et preu,
que por pitié ne soiez lasche
ne droiture crualtez lasche.
Droite justise, crualté
pas nen an suit, ne lascheté,
mas drois tient la meïme voie,
trop ne se lasche ne desroie;
et si set les pechiez vaingier
(7c) qui son pruisme set esparnier,
si set dou mal l'ome sevrer
lou mal haïr et l'ome amer,
que por lou mal l'ome ne hace
ne por l'ome li mals li place.
Qu'autre chose est hon de faiture
a s'imaige e a sa figure,
autre li mals que li hons fait
por qu'il ert danpnez si nou laist,
quar il forligne de nature
cant mal fait de la deu figure.
L'ome que dex fait doiz amer,
lou mal que li hons fait, danpner.
Adonc doiz ton pruisme esparner
cant il vet son pechié laissier.
Mas tant ne l'esparner tu mie
que tu ne venges la folie.
Car mont set pechiez provignier
cant hon puet sem peine pechier.
Cant voiz, aucun ne so chastie
de sa criminel folenie
et que la voie de celui
domaige fait soi e autrui:

---

169 justise 172 come] con 185 meme 191 ne hace] lace
195 ãtre 196 ꝑ q̃l il 205 puignier 208 folie

ainceis an dois un sol danpner
por toz les autres amender
que la malice provignier
por lou pecheör esparnier.

Ohi avez de ces .ij. maus
comment chascun senblent bien faus.
Ancor vos dirai d'autre .ij.
vertu resenblent chascuns d'eus;
(7 d) car vaufierie largeté,
avarice esparnableté
sovent resenblent, et deceivent
ces qui an vertu les receivent.
Car por largece se vet vendre
vaufierie por trop despendre.
Large estre cuident li plusor
mas ne sont, ains sont vafleõr,
car n'ont point de discrecion
dou lor despendre por raison.
Sanblant est, lor sustance hacent
cant il n'ont cure qu'il en facent.
Ceu qu'on despent an malvais hus
por vertu ne doit jugier nus,
ainceis lou jugomes a vice.
Contraires est a avarice;
car avers vet tot retenir;
vaufierres vet tot fors ferir
et fait a plusors entendent
que largece est, mas il se ment.
Esparnier ai de vertu non
cant l'on fait por discrecion.
Pres de lu hai un senblent vice
que nos apelons avarice.
Maint s'entremetent d'esparnier
qu'on puet por avoir entercier
qu'il descendent an mal de bien,
ne sevent tenir lou moien;
senz vertu d'esparnableté
en avarice sont torné.
Largece droit lou moien tient
(8 a) car por raison done et retient.
Ceste vertuz .ij. vices plaise,
cant a mesure tient, et laisse;
por ce que retient por raison,
de vaufierie pert lou non,
et de avarice nen ai cure

---

234 a fehlt 236 fort 247 sez 251 vice 255 nen ai] nai

por ce qu'el donë à mesure;
car cant dou suen done et despent
bien set a cui et quoi et quant.
Celes vertuz hont .ij. repaires.
Des mals, ou senblant hont contraire,
dessenblent. L'arriergarde ſait
li malvais reis et met en gait;
et cist nos vienent a travers,
sovent nos getent toz anvers.
Cant les premers vaincu avrons,
de l'arriergarde nos gardons,
et quë orguelz ne vaine gloire
ne destrue nostre victoire.
de haut an hont mains abatuz
por l'abondance des vertuz.
Une chascune ſolenie
de ſaire lou mal nos anvie,
mas l'orguel nos suit por aïr,
neis lou bien ſait an nos perir,
adez suit les vertuz por trace
së humilitez ne l'en chace.
Qui vet avoir humilité
remembrer doit s'enfermeté;
d'orguel nos gart, de vaine glore
de nostre anferté la memoire;
(8 b) ne sons paz de nature estable,
mas de mont foible et mont muable.
Cant si foible recet avons
asseürer ne nos devons;
de totes riens ſait a garder
et si devons toz tens doter.
Que se somez hui vainqueör
demain an avrons la peör.
Plusor hont hui dou chanp lou pris
qui demain en avront lou pis.
S'avons des vices la victoire,
deu an soit li loz et la gloire.
Car cil qu'en soi se glorefie
dou bien qu'il ai, si ſait folie.
Les vices ou nos combatons
an nos meïsmez les portons.
Tant sont plus aigre et plus angrez
con plus nos essaillent de prez.
A tels chevaliers, a tel gent
Nabugodonosor s'atent.

261 Larrieregarde 262 malvais] fel 266 Larrieregarde 273 por] de — hair 281 sons] somez 287 se] se nos 290 qui fehlt. 299 et a tel gent

Si ami sont si consoillier,
por ceaus cuide suz nos regnier.
Cil maintenent adez son ost
ou an apert ou an repost.
Cant voit an aucune partie
la cité foible et desgarnie,
nes vet reponre ne covrir,
an apert les fait essaillir;
n'a soig de ses angins drecier
puis qu'entrer i pet de legier;
prant la sans poine et sans traval
(8c) puis qu'il n'i a nul contretal.
Cant voit que por luxure est foible
et de chasteté la sent voide,
devant li met en soi et oite
la beauté dou cors qu'il covoite;
et cant a cest vice consent
sanz contredit, la cité prent.
Cant le refuse, arrier se trait,
donc aparoille son agait,
et d'orguel qui naist de vertu
li tresperce tot son escu
. . . .
car por la chasteté dou cors
aucuns sovent se glorefie;
l'estos sen dote deu oblie.
Si est pensee corronpue
qu'orguel ai conquise et vaincue.

Quant voit la cité si garnie
que por aperte felonie
dedans ne pet antrer ne ose
(car des vertuz est si bien close
que ne crient essaut de por vice
et dedans ne pet avarice
acoveter por son agait):
petit a petit se retrait,
de ses pruismes et de sa gent
lou besoignos li met devant
et dit: mont es crual et dure
se de tes pruismes nen as cure;
qui pet, et ses doit aïdier;
chascuns doit es suenz profetier.
Esparne por aus et retien!
(8d) Ne cuide tu que ce soit bien?

---

304 ou ăpert 314 chaste 326 Leslos 327 la pensee 338 besoignor 340 de fehlt proissimes 341 et fehlt

Tu os chascun jor sermoner
que son proisme doit on amer,
et sains Pou dit que c'est mont biens
quë on ait cusanson des suens.
D'amor sen proisme amer est vain
se tu les lais morir de faim;
se nes ahides et secors
por foi ce n'est gaires d'amors.
Mont feront mal por povreté
sẽ il ne sont por toi torné.
Bien lou te doit dex demander
sez lais male voie torner.
Or est deables preecherre,
por meauz ferir se trait arriere;
car por tel amonucion
se l'arme n'ai discrecion,
an avarice et covoitié
la rabat por fause pidié.
Commant est donc fause pidiez,
vos proismes se vos les aidiez?
Nenil, qui ansi les ahie
que soi n'echat a male vie,
n'est voire pidiez ne raisnable,
don l'on pert vie parmainnable;
de rien don l'arme pet perir
ne doit l'on lou cors sostenier;
qui lou sostient de trecherie
l'arme tot parmenauble vie;
meauz vaut qu'on a deu s'en atande
qui doit a chascun sa provande.
(9 a) Car qui lou faux conseillier croit
et obeïst plus qu'il ne doit,
cant trop commance a covoiter
por ses povres parens aidier,
ce qu'avoir ne pet vet tolir,
car mesure ne set tenir,
n'a cure comment puest aquerre
por bien ou por pais ou por guerre,
et con plus croist, plus li est beauz
de sa pecune li monceaux.
Du croist s'ezjoit et de l'aoite
et con plus ai, et plus covoite;
sa covoité por ce qu'esprent
fause pidié don se deffent,

---

348 quon 349 proisme] prou 361 covoitise 362 le 372 a larme 378 se

ne pet avoir longue duree
la fause pidié parosee.
Une autre chose li consoille
sez faux consoilliers an l'oroille:
l'on dit c'a bon droit muert de soi
qui plus ainmë autre que soi;
l'on set ce dire an reprovier
„lou pain al fol avant maingier".
La povreté et la besoigne,
que vois d'autrui, de toi resoigne;
se tu es povres et chaitiz
tu troveras mont pou amis;
lou tien despan mont folement
cant tu lou denes a del gent.
chastie toi, ne faire mie!
tu vois c'est une gent faillie;
toz tens les pués issi aidier,
(9b) ne fineront de mandiẽr;
ansi les feras tu truanz,
malvais ovriers et pain queranz;
di lor c'a toi mais ne s'atandent,
gāaignent, aient et despendent;
se tes avors t'estoit falis
tu seroies d'auz escharnis.
Tant dois bien dou tien retenir
ne tant ne dois pas departir
que soies an autrui dongier
et toi convainne autrui priier.

Tant l'ai deables ansoignié
que bien ai lou consoil changié.
Celui vient li consoil a gré
que deables li ai doné.
Des or creira son consoilier;
or ne vet mais neūl aidier;
ainsoiz lairot morir de fain
son frere et son cosin germain
qu'il li donast une māaille,
car crient que tot bien ne li faille.
De tel ars, de tel malvais ars,
de tel angin de totes pars
li malvais rois la cité ceaint,
de tel menere la destraint.
Nabuzadonz est en s'abaie
ou li malvais rois mont se fie,

---

390 posee 398 voi reseigne 400 mont fehlt 417 l'ai] ai
426 croit que tuit 427 malvais] maus

princez des queurs et des maingiers,
et si conduit ses chivaliers.
Si chivalier ce sont li vice
qu'il anvie sus nos et hice.
(9a) Nabuzadon, que senefie
qui des avers ai soignerie?
C'est li ventrez don li vice issent
a cui tuit li queur obeïssent.
Cant l'ont onpli a desmesure,
don esprent et art por luxure.
La cité deu et sa maison
ai*tot trait a confusion.
Des nos menbres est ordenaires
puis lou ventre l'engeneraires.
Issi sont ordené li vice.
De plain ventre saut et delice
la luxure por quoi sont fait
an cest siegle maint malvaiz plait;
de mains mals est commancemenz,
perdecions de maintes gens.
Maint s'en metent an grant peril
e aux e lor terre a essil;
et saichiez bien c'a hicest vice
vosdie si est sa norrice.
Pais et repos ainme et desduit,
traval et peine la destruit,
plus nos anchauce por sejor,
por pais nos fait gerre et grevor.
Cant ele est grans et parcreũe,
gote ne voit, honte n'eschue,
ne deu ne honme ne resoigne
mas que faire puist la besoigne.
Tote honor ai geté arrier
por aonplir son desiēr.
S'est es auquanz de tel nature
(9d) qu'ele forline et desnature,
s'ont laissié la regle et guerpie
que damedex hai estaublie.
Qui c'onques a son per s'aploie
fausse la naturel monoie,
an dous pars hont les coins changiez;
cē est gran duel et gran pechiez.
Si con lisons en Genesin,
por luxure mist dex a fin

---

438 ai la s. 446 leagenerairès 462 gete 464 peust 465 arriere
466 desierre 473 doues 474 cest 475 lisons] si sont

tot lou monde por lou deluive,
.xl. jors dura la pluve.
Tote rien vivant an cest monde
destruit dex et oscist por onde
fors ceaus qui furent dedanz l'arche
avec Nohé lou patriarche
que damedex vot estuier
por lou siegle raparoillier,
si con tesmoigne l'escripture.
Nostre sires heit mont luxure;
nos ne trovons gaires pechié
que dex ahit si griement vaingié.
Maintez citez, maintes contraes
en ai destrutes et gatees,
Gomore et Sodome fondue;
. . . .
neïs meme Jherusalan
ensi destruit Nabuzardan.
De nos garder reprenons bile
cant il destruit si bone vile.
Ne soiens trop a lui enclin;
que mont hi a glote voisin;
luxure en est s'ainnee fille
(10a) qui toz biens destruit et essille.
Chascun de vos i soit por soi,
gart que ne serve malvais roi!
si vet oster de lui cest vice,
vosdie fuie sa norrice!
Por traval donte en sa jovente
son cors, son cuer por bone entente,
por astenance se restroigne,
feus de luxure ne l'esproigne.
Nostre citez est si assise;
mas se destruite n'est, ne prise,
se deffendue est, si gardee,
de ci ert ou ciel tresposee.

Les gardes de cretienté
tors sont et murs de la cité,
qui meauz pavent soffrir ici
les essauz d'ome et d'anemi.
Lez faux pastors dex blasme et chose,
car d'ex n'est pas la cité close;
car qui sa gent destruit et fiere
ne soi gruist se traihent arriere;

---

493 meime 516 datiemi 520 soig mist

nen ont ou de tor ou de mur
qui ci sont ardi et seür.
Qui deffendent les feibles gens
por droit encontre les puissens
por priëre ne por menace
por aux ne movent de lor place,
qui ainment verté et droiture
et de malvais loier n'ont cure
et ne laissent por avarice
que ne tenaint droite justice
(10b) por riens que neüls puisse faire
(tant hi saiche lancier et traire
puis quë il nes quasse ne brise)
tors sont et mur de sainte eglise.
Si sont saëlé li quarrel
por maul, por pic ne por martel
que nulz ne s'en muet ne ne loiche,
car fondé sont suz la fort roiche
don traist Moÿsés lou ruissel
don but li puples Israel.
Ce dit sain Pos en ses escriz
que cele roiche est Jhesucriz.
Sor li est la cité fondee
et pierre angler est apalee,
car an soi joint doble maniere
dues gens de diverse maniere
car de Juïf et de paiens
ai fait un pueple crestiëns.
Coment la pierre soit polie
que dex an son mur edefie?
Ja n'i avra quarreaul assis
qui soit antechiez ne ne malmis.
Tot lou mal delit de pechié
covient qu'il ait enceis laissié.
De vive pierre et vif carreal
he fait dex son temple novel;
ceste maison deu ele semble
de cui Salemons fit le temple;
de cesti dit la prophecie
con n'i orroit mail ne coignie.
L'oevre hiert devant si aprestee
(10c) et si polie et si limee
qu'il n'i avra que deniër
fors solemant de l'asigier.
La n'orra l'on mal ne martel

---

531 nuls   537 nule   544 anglee   558 le fehlt.

por asseoir fust ne quarrel;
si est li granz marteleïz
sor les sains et sor les esliz
que li felon et li malvais
ne lor doinent treves ne pais.
Toz ceaus qui menent sainte vie,
li enemis les contralie,
assez lor fait poine et torment
tant con damedex li consent.
Il est toz tens pres de mal faire
honte e anui, poine et contraire;
ce qu'il vet, ne pet acunplir
fort tant con dex li vet soffrir;
car s'i avoit la poesté,
selonc la male velonté
trestot lou siegle destruroit,
ja un tot sou n'i demorroit.
Il est li mals et li marteauz
de quoi dex polist sez quarreauz.
Ne que li mals ne pet por soi,
ne fait cil sen lou deu, ce croi.
Dex lou lieve et tient an sa main
et se ne fiert nului en vain.
Les bons polist, les malvaiz brise
si con lui plait et il devise.
Qui plus sostient poine et torment
et por martel ne se dament
(10d) et soufre persecucion
por l'amor deu et por son non,
tant uns chascuns est plus poliz
et tant est plus sains et esliz.
Et si est de droite esquarrie,
fors est en chascune partie;
car cant dex lou bat et essaie,
forment siet, quel part quë il chaie,
ne se muet por aversité,
ne se muet por prosperité;
se dex l'essauce il s'umilie,
des or ne lou despare il mie.
Por richece, ne por avoir
ne s'erguillit, qu'il puisse avoir;
bien set la povreté soffrir
et sa richace departir,
et ja n'avra si grant grevance
quë il de deu ost s'esperance.

---

575 tor 595 est fehlt 600 q̄ p̄t qui chaie 602. 603 sind umgestellt

Cil qui tot mal muet e atise
nel pet mover dou deu servise.
Cest siegles quē avons si chier,
veullons ou non, covient laissier.
Por qu'amons ce qu'estuet guerpir?
Amons se que ne pet faillir.
Bien savons tuit certainnemant:
si ne demorrons longuemant;
cist siegles nos gabe et decoit,
et n'est pas saiges qui s'i croit.
Cant hons lou cuide meuz tenir,
si s'en covient a departir.
Nen est pas saiges pelerins
(11a) qui va por les floru chemins
se por les beas chemins qu'i voit
lou leu oblie ou il aloit.
Nos somes ci tuit pelerin,
s'alons au siegle qui n'a fin.
Certes que nis hui en nos jors
en poons veoir de plusors,
et qui la voie tant delite
que la cité hout clamé quite;
tant hont ci de lor velonté,
tant hont dou bien deu a planté,
tant hont assemblé por porter
qu'il n'ont cure d'avant aler,
et s'il hi pooit avenir
ne querroient de ci partir;
mas mont est fos qui quiert et vet,
ce que ja n'iert n'estre ne pet;
car nuls ne veons demorer
por premotre ne por doner.
Ne taint pas por drot pelerin
qui remenoir veaut en chemin;
n'a soint de son pahis aler
qui en l'essil vet demorer.
Signor, ne vos desconforter!
corte est la voie por porter.
Certes en si petit viaige
n'est pas saiges qui trop se charge.
De pou poons avoir assez;
qui moins porte, moins est lassez,
qui plus porte, plus est chargiez,
plus est por corre enpeegiez,

612 nel] ne 615 pquoi 623 nest pas saiges ne p. 629 nis] pis
647 desconfortez 654 enpegiez

(11b) et un chascuns qui corre vet
alegier se doit plus qu'i pet.
Sain Pou conte des correors
qui por la corone des flors
tot quan quez poet enpeegier,
les cors solent geter arrier,
et dit c'autresi devons faire
que riens ne nos puisse retraire
de cest cors qu'avons arami,
si devons tot avoir guerpi.
Cant il aligent si lors cors
por avoir lou chapel de flors,
donc nos devons meus aligier
qui tandons a meillor loier,
cant de nostre part n'est requise
corone que ja soit maumise;
n'est de flors ne de primevoire,
ains est de celestiau gloire.
Onques ne mue sa color
ne ja mais ne perdra s'odor,
n'est marcie ne corronpue,
tant soit portee ne tenue.
De corre ne soains lenier,
nos qui atandons tel loier.
Deäble por mainte meniere
de corre a deu nos trait arriere;
il nos semonte e amoneste
et dit: plus estes foz que beste
se vos por ce que ne veez
guerpissez ce que vos avez.
Mas bien poons apercivoir
(11c) que ceu dit por nos decevor.
Tote riens que li cors nos charge
jus metons, si ferons que saige.
Nuls de nos n'est si alegiez
ne soit, de quen quez soit, chargiez.
Diverz fais et diverse charge
ai un chascuns an son coraige,
ne si grans fais con de pechié,
plus ne poons estre chargié.
Nule chose tant n'anpeege
icest cors con ce cant hons peche.
S'ancuns est trop chargié d'avoir
deschar soi, si fera savoir.

---

657 reconte 658 corons 659 poent enpegier 660 soloēt
663 arani 674 mais fehlt 695 anpege 696 cest

Se dou povre fait son somier
devant soi lou puet envoier.
De ce qu'il ai face li bien,
senpres ert autrui ce qu'ert suen;
car puis qu'il fenira la vie,
ne sera pas en sa baillie.
Haa! porquoi vet l'autrui tolir
cil cui lou sien covient guerpir?
Can qu'a dou suen et de l'autrui,
s'i nou laist, sou laira autrui.

Qui c'onques vet corre a droiture
aint deu sus tote creature.
Qui ainme deu si con il doit
et son proisme, cil cors a droit;
ne por anfant, ne por moillier
ne doit l'amor deu metre arrier,
ne por aux ne se doit retraire
de deu servir et de bien faire.
(11 d) Ne nuls ne doit a tort aquerre
a ses anfans avoir ne terre;
qu'il s'aquiert parmenable mort
de ce qu'il lor aquiert a tort.
Dex nos dene assez en passant,
mas plus nos premot en avant.
Por son don deu qu'il nos premot
en grant esperance nos mot.
An son servise usons son don,
si avrons la promission;
ne laissons pas por covoitise
que ne partons an son servise;
car il nos pet assez plus randre
que por lui ne poons despendre.
An servise a malvais seignor
usent lez biens deu li plusor
qui despandent por lou malfé
les biens que dex lor ai doné.
An sorfait, an orguel son prest
despendre plus que mestier n'est;
despendre en deu commendemant
de ce sont aver et tenant.
Assez fust li plus grans raisons
por deu despandessains ses dons.
Qui lou don plus que lou donant
ainme, n'ainme pas lëaumant;

---

700 soi fehlt 702 quere 707 a fehlt 720 qui lor 723 deu] de ce 727 ne la laissons

nos devons amer por raison
plus lou denerre que lou don.
Qui lou don tient et nou despant
cant mestiers est por lou donant,
de son deneör nen ai soing,
(12a) ne por lui ne rent al besoing.
N'est lëaus amis ne amie
se por son don l'un l'autre oblie.
Por son don doit on meuz amer
lou doneör, non oblïer.
Saichiez, nul n'ainme entieremant
qui n'ainme mas que lou donant.
Je fais droite condicion:
n'aime pas l'ome, mas lou don!
Si li uns cesse de doner
li autres laissë a amer.
Mais al tans d'oire li plusor
n'ont gaires antr'auz autre amor,
car qui povres est et mendiz,
cant plus lou quiert, meins trove en li.
Plusor sont au riche home ami
qui au povre sont enemi.
Tant l'aiment con li avors dure
et puis que faut, si n'en hont cure.
De ces di je bien tot por voir:
n'ainment pas l'ome, mas l'avoir.
Mas s'aucuns vet amer a droit
por deu un chascun amer doit.
Selonc l'ordre de charité
aint chascuns hons l'umanité.
Charitez ai de feu semblant
qui antor soi art et esprent;
ainceis esprent lou feu prochain
et puis si s'estent au loitain;
lou leu ou naist chaufë avant
et con plus croit, et plus s'espent.
(12b) Tel doit estre amors ordenee
en fait, en dit et en pensee,
et qui s'amour issi espant
icil ainme ordeneëmant.
Au suens por deu doit ains aidier
se d'ahie on greignor mestier;
car qui nen ai pidié dou suen
commant l'avra il dou loitien?
Et sains Pou dit, bien lou saichiez:
cil est pires que renoiez

---

745 nou] lou 762 meis 766 hont] nont 785 nen ai] nai

qui nen ai cusanson des suens
et de foi et de char prochiens.
Por ce vos trai ceste semblence
que vos l'aiez an remambrance:
por soi meïsme doint ou non,
amons deu plus que por son don.
Je di icest don trespassant,
car soi nos promet en avant;
dex nos semont si nos atrait
a lui servir por son bienfait.
Ver lui d'amours nos soit liëns
li dons damedex de tant biens.
Qui plus ai des biens deu foison
plus doit a deu randre raison,
itant lou doit meux servir bien
con dex li done plus dou sien.
De la cruauté qu'a aiue
convient que raison soit randue;
tant avra plus grief jugement
s'il en bien ne l'use et despent.
Mas voir de ceauz i ai foison
(12c) qui deu obliënt por son don;
car tant aiment la creature
que dou creatour nen hont cure,
ainceis hont deu tot oblié
por ce que dex lor hai doné;
ansorquetot plus s'en desroient
et de son bienfait lou guerroient.
Por ce dit dex en son sarmon
c'a poines ert sauz riche hons.
Si apela dex home riche
sor l'avoir angoissors et chiche
qui met an l'avoir sa fiance
et de deu oste s'esperance.
Signor, nou fassons pas ensi!
Por deu aiains de nos merci!
Vëez quel amour ai dex an nos:
il nos aime, nos lou haions;
ses fiz qu'il aime dex chastie,
despriseõrs ne despit mie.
Il atant chascun que bien face,
dou repentir nos dene espace.
Ceauz qui issi sont contre lui
ou por contraire ou por anui

789 nen ai] nai 795 cest 803 tant 808 ne fehlt 813 ainceis] ains 828 despriseõrs] Aes desprisors

ou por povreté ou por poine,
maintez foiz a soi lou ramoine.
A s'amor e a son servise
nos atrait dex an mainte guise;
sez bras tant por nos recevoir,
retornons, si ferons savoir.
Li batres et li chastoier
est es plusors mont grant mestier.
(12 d) Li plusor cant de deu son loint
a lui repairent au besoint;
cant li besoinne les argue
repairent a la deu haüe;
con plus lou dotent et plus l'aiment
et de meillor cuer lou reclainment.
Por ce ne nos doit estre grief
se ci soffrons aucun meschief
ne nos veillons de deu partir
por mal que ci puissons soffrir.
Les poines et les paissions
c'an ces siegle soffrir poons,
li tormant et li enconbrier
ne sont pas digne dou loier
que dex rendra a sez esliz;
ce dit sains Pouz an ses escriz.
Por ce ne nos doit nule riens
de deu partir, ne mal ne bien.
N'oblions deu ne la cité
por la presant prosperité.
Chascuns de corre ne se fainne
desc'a tant qu'a la cité vainne,
car iqui ert des cors la boine,
la dex les correörs guerdone.
Nostre cors soit de sainte vie
sanz pechié et sans folenie,
car cil qui vit plus saintement
icil cort plus inelement.
Se desqu'a hui sons forsvoié,
s'avonz lou droit chemin laissié
ne nos covient pas loint aler
(13 a) s'a deu nos volons acorder.
Pres est d'ex a toz tens qui l'ainment
et de vera cuer lou reclainment,
car qui lou requiert por mansonge,
cant cuide aproichier, si s'esloigne.
Guerpissons pechié et folie,
amandons lou cuer et la vie!
Ne nos convertissons a gas
de soulement muër nos dras;

car meuz vaut son pechié laissier
que son dras muër ne changier
S'aucuns ai por male raison
tenu autrui possession
et laist son hort, sa tenehure,
de laissier son pechié n'a cure.
Ainceis peche plus durement
cant fait dou repantir sanblant
et ne vet son pechié laissier,
ains an fait son hor parcenier.
Car s'il se repentist por voir
il l'adrecest a son pooir.
Mont est foz cant lui ne soffist
quë il en son pechié fenist,
ains vet an sa danpnacion
son hor avoir a conpaignon
de son pechié et de mal faire
si vet por lui laissier vicaire.
Cant ne pet sa forsenerie
plus maintenir en ceste vie
si vet c'uns autre an son liu vainne
qui son mal et son tort maintaine.
(13b) Ce m'est a vis, cil ne lait mie
son pechié ne sa folenie,
s'il prent des dras conversion
et an son cuer n'ai se mal non
et soi et lou siegle deçoit
ne mie cel qui lou cuer voit.
Nul dras ne porte garantie
a ceos qui menent male vie;
ses dras ne vent on mie a foire
qui donent celestiaul gloire.
An chape blainche, an cote grise
n'est pas religions acise.
Se dex ne la provigne ou cuer
an vain la mostrons por defuer.
Mas neporcant an cest assil
plus sont ordené li drap vil;
car signe sont d'umilité,
mas pou vaut signe sans verté.
Quant dex lou bien ou cuer provigne,
idonc est lons defors s'ensigne,
car lou soing en ont ypocrite,
mont plus en hont que ne prophite;

---

884 tenu] tenuhez 901 autres 908 cel fehlt 922 donc
924 mont fehlt

sepulcre sont defors daubé
de samblance de sainteté,
mas, si con dit sainte escripture,
dedans sont plain de porreture;
car aucuns est, je n'en dot pas,
qui quiert et aime les vis dras,
de fin orguel d'epocrisie
an povres dras se glorefie.
Cist ne vet pas estre prodon,
(13c) il n'en quiert fors mais que lou non,
mas por ce prodon nes refuse
s'aucuns malvaisemant les use;
por ce nes doit hon refuser
tot puet hon bien et mal user.
Car d'autre part mainte gent sont
qui preciors vestemant hont
et hont la haire an pres lor cors,
les riches robes por defors;
ne por orguel ne portent mie,
mas por celer lor sainte vie.
Cil velent lor bonté celer,
li autre ce qu'il n'ont mostrer.
Cascuns selonc s'entencion
avra de s'oevre guerredon.
Nature soulement demande
robe qui dou froit nos deffende.
C'on mate les dras en tainture,
ce ne demande pas nature;
por orguel sont de grignor pris,
mas por user an valent pis.
Malemant se vist an la foire
qui se reveist de vainne gloire.
Qui voudroit dez viz dras vestir
es nuz en porroit departir,
adonc porroit miez anploier
an povres vestir son donier,
s'il lor donist por charité
ce qu'il despent en vanité;
adonc faroit de son mal bien
s'il despendoit issi lou sien.
(13d) Li riche home de cest pechié
tuit a bien pres sont entaichié;
peinent soi dou bien essilier
que dex done por auz aidier.
De ce que quoste un sebelins
porriënt vestir maint frairins.

---

925 daubeil 926 sainteteil 930 Q'ert 934 mais fehlt 943 porte

Grant cure hont d'aorner lor cors
de riches robes por defors,
dedenz bien pres ne se conuist
que ne covient ne que li nuist.
De l'arme est nule mancion
ainceis la laissent a bandon.

Li clerc, li maistre dou deu temple,
donent es lais malvais exemple,
car maistre sont de foliër
qui les deüssaint ensoingnier;
an ceos trovent grinor otraige
qui plus daüssaint estre saige.
Les biensfaiz que por deu reçoivent,
ne despendent si con il doivent,
ainceis en usent malemant
issi con il est apparant.
Tant en daüssaint retenir
qu'il s'en poïssaint sostenir,
lor remenant por deu doner,
mais il s'en valent bien garder.
Desvië sont, a bien contraire
qu'il ensoignent les gens a faire;
en sainte eglise n'a mestier
qu'il ne vendent con regratier;
mal achetent et pis revandent
(14a) et en malvais hus les despendent;
et des berbis nostre signour,
dont il sont apelé pastour,
il n'en hont autre cusanson
mas qu'il an aient la toison.
Vers deu rigibent por rivel.
Por defors ont luisant la pel,
si hont la char den si versee
c'a poines ert mais relevee.
Riens ne lor chaut por lor paroce
se damedex ne les redrace.
Des armones de cherité
hont Jhesucrist desherité.
Cant font ou bien ou mal son cors,
li chiés ne s'en giete pas fors;
assoi trait l'ennor et la honte,
issi con l'avangile conte.
Au chief ne poent nul mal faire,
tant issaichent lancier ne traire.

---

973 bien] viet   1013 poent] pet

Dou mal que font son cors ça jus
li chief s'en plaint es ciez laissus.
C'il n'ai por lor huis mendiant
de lor armones demandant,
cil tornent d'autre part l'ohie,
senblent font qu'il nen oient mie;
assez li font huichier en vain
cil ne pet mais qui muert de fain.
Dou suen hont mainte vesteüre,
l'une au chaut, l'autre a la froidure,
et cist est nuz, si muert de froit,
dou suen ne li font pas a droit,
(14 b) ains font sales et froins dorer
de ce qu'il li da͡ossaint doner;
an vars, an gris e an desduz
vivent sont jus rués a cruiz.
Il traïnent chapes forrees,
pelices de sable engolees.
Por orguel les hont li plusor,
li un suit l'autre de s'esror,
mas il ne saivent, li dolant,
c'est dou pechié c'a col lor pant;
ne sont gaires bien aorné
qui d'autrui pechié sont paré.
Car ce n'est pas de lor labor,
ains lor donent li pecheör
por espeneïr lor pechiez,
de quoi chascuns est antechiez.
De pecheörs por lor sovient,
quar c'il sovent hi pensiënt
. . . .
je croi qu'il s'en amanderoient.
Meauz dussaint garder les dotrines
que les fomes ne les mechines;
cis sent on penitance faire
por duremant vivre et en haire.
L'en eüst auques d'esperance
que͡ il feïssaint por penitance
des suens et des autrui pechiez,
s'on nes veïst si aaisiez.
Certes mont sont li chié chargié
dou lor et de l'autrui pechié,
et por ce trovons nos lisant
que dex fit por droit jugemant,

1027 dorez 1031 tranent 1041 espenir 1049 ci 1054 se lon 1055 chié] chrc 1058 jugemat

(14c) cant vot des Geus vaingence faire,
commancier a son saintuare.
Or pet si vet recommencier,
qu'asez ai soz nos a vaingier;
parmi toz ce des clerz aiez
merci, vos lai ne les jugiez;
car estre doit chascuns pechierres
ains de soi que d'autrui jugerres.
N'est pas vostre li jugemanz
de la gent deu, de ses sergenz.
Sovant faut qu'on juge des cuers
selonc ce qu'i voit por defors,
car sovent sanblent li aignel
lou lof ou de poil ou de pel,
et li lof en pel de borbis
se repont, ce dit Jhesucriz.
Dex qui toz nos conoist et voit
vos jugera trestoz a droit.
Portez reverance e onour
es clers por deu nostre signor,
laissiez les mals qu'i nos deffendent
faites les biens qu'i nos commendent.
Ce nos dit dex: nes suitez mie
de lor pechié, de lor folie;
se͡hui lenz de corre les veez
con demain corrent ne savez;
se͡hui getoient jus lor faisel
demain corroient plus isnel
en Jherusalem la cité,
ou nos somes tuit anvoé.
Donc convoitent de grant menere
(14d) plus c'om ne fome robe chiere;
aucuns por quoi font, c'est la some
que meaus puissaint plaisir a home,
et qu'eles soient plus amees,
se de chiers dras sont aornees,
plus covoities et requises
de ceos don eles sont esprises;
car traveauz sont tot de luxure
lor rebes et lor vesteüre.
Sovent plus atrait home et lace
fome por robe que por face;
cant de ses dras est desvetie
s'est de soi la manre partie.
Meauz valent plaisir por beaté

1069 qu'on] q̃ 1074 se reprent 1084 corre 1090 come
1097 tot fehlt

. es gens qu'a deu por leäuté.
Lor beaté nen est pas plus lor
ains les atisent por color,
et garnissent de voirmoilon
lor fonc, lor face, lor manton.
En ces ne conoist dex s'imaige
car la defforment por outraige.
La beauté dou cors ai sovant
l'arme ennercie duremant;
tost chiet, quant bien est assaillie.
Mainte arme en ai beautez perie
. . . .
et de paradis essilié,
parmi tot ce quierent beauté
greignor por grant desloiauté.
Li deäubles les aguillone,
de s'ezcole sont, sez sermone
et dit: faitez vos velontez
(15 a) vos qui lou feu d'amor sentez;
s'avient que cest feuz vos esproigne
tant l'arosé quẽ il estoigne.
Cuidez dex vos ait fait si beles
por estre chaites et puceles?
Mont ert vostre beauté pordue
s'aucuns prodons ne s'en ahue
N'avez veũ en vostre ahé
nul fruit venir de chateté.
Hon voit fomez ligieres maintez
maires et de sains et de saintes
et trovons en la loi divine
c'a dit la virge et la brahine.
Vostre tens perdez, qui vos fuit
se ci n'avez joie et desduit;
faitez au cors tot son delit
car qui nou fait, por noiant vit.
Fox est qui a nului deffent
joie et desduit en son jovent.
A luxure prenez soistié
donc avrez vos bien esploitié.
Ne cuidez vos pas que luxure
soit pechiez, que requiert nature;
car ce devez vos bien savoir
s'en ceu deũst pechié avoir,
les manbres a ce covenables
dex ahust fait en toi muables.

1105 nest pas plusors   1114 en fehlt   1116 mont essilie   1131 maintez fomez ligieres   133 en] q̄   1146 s'en] se

De legier ces preecheörs
croient putains et lecheörs.
Bien hont retenu cest salmon,
car ensi font tuit a bandon;
(15 b) diënt: n'est pechiez de luxure
de tot est humainne nature;
toz menbrez nos ai dex donez,
faire en devons nos velontez,
por ce s'aucuns de nos perist
la corpe en est deu qui nos fist.
N'en ferons ci bien lou covigne,
toz nos ai fait, toz nos provigne.
Issi deu et non soi acusent
qui les dons deu malement usent.
Car dex nos ai fait beauz et bons!
Mas la malvaitié muet de nos,
et toz li biens que nos savons,
et li menbres que nos avons
nos ai dex doné por bien faire,
mas nos an façons lou contraire.
Cil et celes qui lor folie
maintienent en hiceste vie,
a Jherusalem mal s'aproichent,
ne droit ne corrent, mas i cloichent.
Cil qui remuënt lor maisons
et de lor ruens font tainons
mal sont por corpe enpeechié,
car ne sont bien escorcié
que porrent respondre, et quoi dire
cant lor requerra nostre sire.
Ja en la cort nostre signor
ne troveront nul plaidior,
qui ci solent lor langues vendre,
de cest forfait les puist deffendre.
Por tant tenront tot a perdu
(15 c) quan qu'en orguel hont despendu.
Por ce lor deffent escriture
la preciose vesteüre,
quar les aiment por vanité
d'orguel, de superfluité.

Qui pet orguel de soi partir
toz dras pet user et vestir
mas que n'en face desmesure
en ces huis que requiert nature.

1149 precheors 1154 de tot est] de cest tote 1158 en fehlt
1160 et toz nos pine 1163 car] cant 1172 i fehlt 1175 enpechie
1184 quanqz

C'il ai onques orguel donté
et de son cuer arrié boté,
qui la vil robe n'a despite
ne͡en la riche ne se delite
por son vestir, por son user
ne quiert les vilz dras refuser;
solemant ainme lou profit
de toz ses dras, ne lou delit;
n'eime lou chier ne que lou vil,
l'escarlate ne que l'argil;
meas aime une pel de monton
qu'i ne feroit un ciglaton.
Car plus ai bien en povreté
qui la soffre a bien e a gré
et d'onesté et de vertu,
et plus est prochene a salu
que ne sont richeces mondaines,
car eles sont fausez et vaines.
Ce nos commande nostre sire
quant nos les aimons, a despire.
Issi les aions en despit
c'aucuns an ceos ne se delit.
(15 d) Avor les poons por user,
nes devons contre deu amer.
Qui les aime contre raison
donc est lor huz fors de saison;
de ce saint David li prophete
en son sautier nos amoneste:
se nos ces richaces avons,
que nos nostre cuer n'i metons.
Ceauz apale dex deveables,
de ceauz fait ses laz li deables
por ceauz decivre et enlacier
qui trop les solent covoitier.
N'en puis pas toz mauz reconter
c'on fait por eles aquiter.
Si les aies, que n'aient toi
les richaces, mas fui lou broi.
Garde que cil ne t'aient pris
que tu soies lor sers chaitis.
Cui eles hont nes puet guerpir,
tant les vet garder et servir.
Qui bien les ai, ses set user,
estuier et laissier aler,
nes use en orguel n'en forfait,
cant mestier est aler les lait

1210 uăines 1216 ne 1223 devables 1233 nes] ne 1327 use en] use nen

selonc lou tens tot ai mestier
laissier aler et estuiier.

Quant voiz un home bien vestu
tenir te pués por deceü
se tu cuides que cil tex soit;
la vesteüre te deçoit.
En ce sont deceü plusor
(16a) cant il portent greignor honour
es riches por lor vesteüre,
et de la povre gent nont cure.
Sovent puet on les dras loer
et ceos qui les portent blasmer.
S'aivient que li dras malvais sont,
et cil prodome qui les hont;
que qu'il soient malvais ou non
ne s'en doit orguillir nul hon.
Se por orguel vestu les as
la corpe est toie, non es dras.
Neteons les cuers et mondons
car dex jugera mal et bons
selonc l'entencion des cuers
non selonc les dras por defuers;
qu'il n'a pas grant cuer ne grant cure
en quel dras n'en quel vesteüre
a lui serve chascuns de nos,
mas que de bon cuer lou servons.
Car li hons en cui dex habite
n'en chier n'en vil ne se delite.
Nen soulement en vesteüre,
mas en toz ses faiz soit mesure.
Qui de charité hert vestuz
ne sera pas es noces nuz
dont avons oï la semonte
don dex en l'avangile conte.
De ces noces ne sai a dire
car espouz seront nostre sire,
et tuit cil seront esposee
qui sainte vie aront menee.
(16a) Or vos semon, saintes puceles,
deu amez, soiez deu danceles.
Qui ja avés deu esposé
et promise virginité,
gardez que ne soiez sorprises;
lou jor aiez blainches chemises,

1255 se] ses 1258 bons] hons 1264 mas que] masqz 1271 donc
1278 danceles] puceles

nete char, et pensee pure
ou il n'ait taiche de luxure,
et que soiez si atornees
que ja ne soiez refusees.
Qui la iront sanz charité
fors seront mis de la cité
senz chasteté a l'assemblee
de l'espouz et de l'esposee,
c'est vesteüre nupcias
qui dessevre les bons de mals.
Se la voie volons tenir
por quoi nos puissains parvenir
a la cité, la voie droite,
saichiez qu'ele est roiste et estroite.
Se la voie vos desconforte
li grans loier vos reconforte,
car por recovrer grant loier
doit on bien assez trevaillier.
Por l'amor deu qui plus trevaille
mont grant loier avra sanz faille;
car la roiste et l'estroite voie,
por quoi l'on parvient a grant joie,
vaut meuz que la large et la plainne
qui les felons a mort ameine;
por quoi il vont mont liemant
(16c) au grant martire et au tormant.
Cuidez que la seront esliz
por ci avoir nostre deliz?
Ne set corone deservir
qui fait a la char son plaisir.

La citez est en esquarrie
de totes pars, ce senefie
que foi esperance e amor
et oevres en nostre seignor
isnelmant ai chascunz eslit,
si con tesmoigne li escrit.
Ces .iiij. vertuz sont ansamble
droit esquarrie, ce me semble;
car tant c'on chascuns ai de l'une
tant ai sanz faille de chascune;
tant c'on espire e en deu croit
autant ovrer e amer droit;
car foiz et esperance est vaine
se n'est d'amor et d'ovre plaine,

1283 de nete char de pensee pure 1289 ou senz chaste assemblees
1291 ceste 1302 mont fehlt 1320 est q̃rie

ne nulz ne serai sauz, ce croi,
qui ovre ſaice ja sanz ſol.
La citez est et grans et lee,
mains huis hi a et mainte entree;
aucuns hi a de ceos qui dient:
li .xij. apostre senefient
.xij. entrees de la cité
que trovons en divinité,
et si mostrent raison por quoi,
qui nos hont ansoignié la foi:
por quoi sont sauz maint crestiën
qui croient deu veraiement
(16d) portes ou huiz sont, ce m'est vis,
qui nos meinent en paradis.
Les .iij. oevrent vers oriant,
les autres .iij. vers occidant,
et li .iij. contre miëdi,
vers miënuit .iij. autresi.
Por la partie d'oriant
antrent anfant et innocent;
car ajorner en eos commance
li guerdenerrez de innocence,
Jhesucris qui tot enlumine,
qui ne commance, ne ne fine.
Devers miëdi, cant li chauz
est grans et li solos plus auz,
solent venir cil baichiler
qui poient lor chalor donter,
et les ſomes qui sont ensi
entrent por devers miëdi.
Por occidant a la vespree
cant la chalors est trespassee
viënent aucuns plus encien
qui lor sont converti a bien.
Cil venent devers miënuit
qui crolent de viloce tuit,
qui en ſolie et en outraige
hont pres que usé tot lor aaige.
Qui se repent, se en bien use,
lou ramené, dex nou reſuse;
car nuls ains quil a fin soit pris
de venir a deu n'est tardis.
Tant doivent cil meauz deu amer
(17a) quant plus lor ai a pardoner.

1328 ſaite — ja ſehlt 1330 entree] curee 1337 mainte 1343 .iij. autres 1352 et ſehlt

De sains apostre la doctrine
si est senblanz a la saïne
qu'en mer metent li pecheōr,
ce sont li saint preecheōr
qui poissons de tote maniere
prent et retient, mas qu'enz se fiere.
Li apostre deu aussimant
hont fait por lor priēchemant;
des quatre pars de la cité
a foi de sainte trinité,
hont converti de totez gens
et fait feels des mescreans.
Encor hont autre allegorie:
.xij., cist nonbres senefie
quatre fois .iij., ou .iij. fois .iiij.;
.xij. sont, nuls nes pet abatre.
En icez ai .iiij. elemens
si ai .iiij. principauz vens;
s'est descrit por quaternité
por tot lez foiz de trinité.
Quant ceste foiz est receüe
et por lou monde est coneüe,
li .iiij. sont por trinité
et li .iij. por quaternité.
Senefiance ai en cest nonbre:
ceste figure nos aonbre
qu'il demostre perfection
de ce dont il fait mancion,
et mostre les portes maiors;
ce sont li saint preecheōrs
(17b) qui hont lou monde enluminé,
preeché foi et verité.
Une porte hi a preciouse
don dex vint a nos a main close;
c'est la mere nostre signour
qui enfanta son sauveōr.
Virge fut avant e aprés,
por ce l'apele close adés;
a toz ceos est porte de vie
qu'ele a son fil reconcelie.
Vers son fil la soie priēre
de paradis nos soit portiere.
Autres portes hi a mont cherez
de vertuz de maintes menerez;
de saphi sont et d'esmaraude.
A la gens orguillose et baude

1374 precheor 1387 cez 1402 et preeche

ſorment est roiste ceste antree
mas es humiles est assez lee.
Orguez abatit lou deable
de ceste cité parmenable.
Por les portes de humilité
et de ſoi et de charité
poons antrer, ce m'est a vis,
en la cité de paradis.
Totes ses portes, ces entrees
que vos ai dites et contees,
totes a un sol huis partinent
de totes pars a un revienent.
Ces mestres huis ai Jhesu non;
nul n'i entre se por lui non.
Li sains espris en est huissiers,
(17c) l'uis oevre et clot, c'est ses mestiers;
a ceos quë il conduit et meine
l'uis oevre, la voie en est ploine
et a toz ceos cui il clot l'uis
nuls hons ne le pet ovrir puis.
Dex toz souz set bien la raison
por quoi an l'oevre et por quoi non;
tot clot, huis, portes et postiz
a toz ceoz qu'i nen ai esliz.
Saichiez, ne fait a nului tort
de ceauz qu'il ai danpné a mort;
vers lui nuls desputer ne doit,
car tot can qu'il fait, fait por droit.
A bien pres nuls n'est si pechierres
qu'ost dire dex est ſaux jugerres.
Se nos la volons abiter
por lui nos hi covient entrer.
Prions donc l'uissier que li place
que dedans nos laist por sa grace.

Pavemant sont de la cité
cil qui por voir humilité
et qui por l'amour Jhesucrist
sont hici ſolé et despit.
Con plus est ci li pavemant
marchiez, tant est il plus luisant.
Qui est despiz en ceste vie,
et penez por sa ſolirnie,
n'apartient pas au pavement,
s'il n'en reçoit chastiëment.

1417 cest mont roiste ceste antre 1425 ses] sen 1432 clot et oevre 1434 en ſehlt 1435 cui il] 9 1436 le] la 1438 loevre] oevre luis 1442 de] se

Poine ne fait ci nul danpné
corpable, ne bienheũré;
(17d) mas la cause por qu'est sofferte
fait bone ou male la desserte.
Maint sont por tenperau torment
venu a bon repantement.
Por ce donra dex l'erité
de Jherusalem la cité
non ceos qui bien commenceront,
mas ceos qui en bien fineront.
Et la clarté qui enlumine,
nos dit l'escriture divine,
n'est de lune ne de soloil,
ains nuls hons se vit son paroil.
Totes autres clartez sormonte,
a sa beauté nule ne monte;
de lui veoir est li loiers
que dex donra ses chivaliers.
Iqui au parmenauble jor
la clarté de nostre soignor
onques ne cesse ne ne fine,
toz tens la cité enlumine.
Ele ai non vision de pais,
dex nos hi moint, et clers et lais!
Signor, ver moi ne vos poist mie
se je ai blasmé lor folie,
si s'amandaint, si feront bien
plus feront lor prou que lou mien.
Mil ans ot et .c. et hoittante
cant a travaillier mit s'entente
icil qui ceste estoire fit,
de la naissance Jhesucrit.

1471] et] est 1475 chartez 1476 nulu 1480 la clarté de] de la clarté 1489 das zweite et fehlt.

Anmerkungen.

22. *Estoire*. Vergl. Diez, Et. Wb. unter flotta, stuolo und estorer (II. c).

40. Hier sind wohl zwei Verse weggefallen.

46. Vergl. Rabanus Maurus (Migne CXI. 337). „Babylonia, quae interpretatur confusio, ..., significat *civitatem diaboli*, in qua sempiterna confusio est, et ubi daemoniorum ferocitas in subversione hominum apparet. In qua ragnavit Nabuchodonosor, qui interpretatur prophetia lagunculae angustae, et significat diabolum . . . . . Venit Nabuzardan, qui interpretatur ventilabrum, sive prophetia alieni judicii et significat Antichristum, justo Dei judicio super peccatores, princeps utique exercitus regis Babylonis Hierusalem intelligibilem".

51. Vergl. R. Maurus (Migne CXII. 872). „Babylon, *infernus*, ut in Propheta: 'Reducam vos de Babylone in terram vestram', id est, de inferno ad patriam coelestem".

58, 59. Von Godefroy angeführt unter dem Worte *assist*.

62. *Cecle?* Paul Meyer (Romania VI) setzt ein Fragezeichen hinter diesem Worte, aber schlägt keine Erklärung dafür vor.

66. Die Hs. hat Nabradanz; schon in der Romania berichtigt.

67, 68. Von Godefroy angeführt unter dem Worte *confanoier*.

70. Von Godefroy angeführt unter dem Worte *enclin*.

77, 78. Von Godefroy angeführt.

79. Vergl. R. Maurus (Migne CXI. 379). „Jebus vero quatuor modis significationem habere in Scripturis reperitur. Ipsa est, quae et Jerusalem. Jerusalem, hoc est, juxta historiam, in qua sancta ecclesia ipse terrena civitate notatur et juxta allegoriam exprimitur: et juxta tropologiam, in qua *anima fidelis* designatur: et juxta anagogen, in qua coelestis patria praefiguratur, sicut supra ostendimus".

85. Vergl. Rupert abb. (Migne CLXVII. 1501). „Utrobique, ut jam dictum est, *typum diaboli* tenet iste rex Babylonis". (Migne CLXVII. 1510). „Babylon *civitas diaboli*, civitas confusiones . . . . ."

93. Die Verbesserung in dieser Zeile ist schon in der Romania vorgeschlagen.

116. Von Godefroy angeführt unter dem Worte *genrer* = „erzeugen".

129. Godefroy, welcher diese Stelle anführt, hat folgendes:

„de ces (vices) ne se pet l'on garder
s'on n'est des vertus seüre(r)."

Seüré soll also *mis en sûreté* bedeuten.

156. *Lascheté*. Scheler (Dict. d'Etym.) bemerkt: *„Anc. lascheté s'appliquait plutôt à la lassitude, faiblesse, défaillance daus l'accomplissement du devoir*."

150, 160. „Falsches Mitleid haben die mit dem Laster, die Gerechtigkeit nicht halten wollen".

164. Der Sinn ist nicht leicht herauszufinden; „und manchen Uebeln der Diener".

165. *Doit* = „pflegt".

197, 198. Von Godefroy angeführt unter dem Worte *forligner* = „dégénérer de la vertu de ses ancêtres".

208. Für die Verbesserung *folie* zu *folenie* vergl. 903.

219—222. Von Godefroy angeführt unter dem Worte *esparnableté* = „habitude d'économie".

223. *Largece*. Vergl. 219 *largeté*. An dieser Stelle, sowie in v. 249 ist dieses die augenscheinliche Lesart. In Mignon's Vocabulaire Bourguignon (1870) unter dem Worte *chastece* bemerkt er: „se trouve dans saint Bernard pour chasteté comme chetitesse pour indiquer ce qui est chétif".

219. *Vauflerie* ist ein seltenes Wort. Die Bedeutung ist klar. Könnte es mit afz. *guever*, ags. *vafian* zusammenhängen? Siehe Diez, Et. Wb. II. c unter gaif.

226. *Vafleor*, sowie *vauflerres* (236), vergl. 219 Anmerkung. Godefroy übersetzt *vafleor* mit „avare" und führt v. 225, 226 und 234—236 an. Nicht *avare*, sondern *prodigue* mufs das Wort bedeuten.

262. *Li malvais rcis*. Vergl. 429 für die Lesart.

277—279. Von Godefroy angeführt unter dem Worte *enfermeté*, welches, sowie auch *anferté* (280), Gebrechlichkeit bedeutet.

283. *Recet* = „Zuflucht, Zufluchtsort".

303, 304. Von Godefroy angeführt unter *repondre*. *En repost* = „en cachette".

307. *Reponre* = „verbergen".

314. *Chasteté* = „Keuschheit".

315. *Oite* ist wohl das latein. auctat, „vermehrt". Das Wort ist nicht bei Godefroy zu finden, aber die längere Form kommt auch (v. 385) in unserem Texte vor. Siehe Anmerkung, v. 385.

326. *Estos*, „der Uebermütige", lat. stultus.

336—338. Von Godefroy angeführt unter dem Worte *besoignor* = „Arbeiter". Jedoch *besoignos*, „die Bedürftigen", pafst dem Sinne noch besser.

341. Das Wort *et* steht nicht in der Hs. und die ältere Wendung ist dem Schreiber wohl unbekannt gewesen.

368, 372. *Parmenable* = fortdauernd, ewig, ohne Ende.

385. Vergl. v. 315. Das Wort *aoitier* findet sich in Godefroy mit der Bedeutung „augmenter".

387. *Covoité* = convoitise.

396. Le Roux de Lincy, Le Livre des Proverbes français, (S. 242) hat folgendes aus den „Proverbes communs" entnommen: *Le pain al fol est le premier mengé*.

431. Das vom Reim und Vers verlangte *abie* findet sich z. B. Dialoge Gregoire S. 9. 10.

436. *Hice*. Findet sich in Godefroy, = „exciter", und v. 435, 436 werden dort angeführt. Vergl. Diez, Et. Wb. II a, izza.

438. *Soignerie* = soin, direction (Godef.)

446. *L'engeneraires*. Provenzalisch heifst das Wort *engenraire*, lat. ingenerator.

448. *Delicier* = se réjouir.

456. *Vosdie* = perversité, vergl. *boidie*, v. 97. Siehe Diez, Et. Wb. vizio.

468. *Forline*. Vergl. 197, Anmerkung.

483. *Estuiier* = aufheben, aufbewahren. Auch in v. 1240.

491. Ein Vers ist hier wohl weggefallen.

495. Der Sinn ist unklar. *Bile* [lat. bilis] hat wohl die Bedeutung „Eifer" hier.

517. Von Godefroy angeführt unter dem Worte *choser* = schelten.

519. Auffallend ist hier der Indik. mit dem Subj. zusammengestellt.

520. *Gruist*. Subj. von *grocier*.

535. *Quarrel* = Quadersteine.

535—537. Von Godefroy angeführt unter dem Worte *lochier* = branler, se remuer, être près de tomber. In v. 537 hat er *nul*.

543—544. Von Godefroy angeführt unter dem Worte *anglé* = angulaire. Er liest *anglee*.

552. *Antechies* = entechié; attaqué, affecté. Vergl. 1042.

586. *Lou* statt *los* = consentement, approbation. Godefroy hat lous als Nebenform von *los*.

597. *Esquarrie*. Godefroy hat *escarrie* = quadrature.

602. *Dament* = desment.

604. *Desparer* = enlever les ornements.

611—612. Von Godefroy angeführt unter dem Worte *mover* = mouvoir, ressortir. *Atisier* = exciter.

653—654. Von Godefroy angeführt unter dem Worte *empeechier*.

663. *Aramir* = festsetzen, übernehmen. Vergl. Diez, Et. W. II. c aramir.

668. *Tendre* = zielen.

673—675. Von Godefroy angeführt unter dem Worte *marcir*. *Marci* = „passé, fané, flétri".

677. Das Adj. *lanier* bedeutet träge.

708. *S'i nou laist*. „Wenn er es nicht von sich läfst", d. h. ausgiebt.

733. *Lou malfé* = der Teufel.

742. *Leaumant* = loiaumant. Vergl. leaus, v. 749.

759. *Oire* = ore [lat. hora].

773—774. Von Godefroy angeführt unter dem Worte *esprendre* = allumer. *Esprent* kommt auch in v. 442 vor.

785—786. Von Godefroy angeführt unter dem Worte *lointain* = éloigné. Er liest hier *lointin*.

788—789. Von Godefroy angeführt unter dem Worte *cusançon* = soin, souci, sollicitude, peine. Es kommt auch in v. 348 vor.

824. *Aiains* = nfrz. ayons.

825. Wahrscheinlich stand hier ursprünglich: *Veez quel amour a deu avons!*

828. *Despriseör* = „qui méprise". Unter *desprisor* führt Godefroy diese Zeile an: *les desprisors ne despit* mie.

843. *Arguër* = presser. Vergl. Diez, Et. Wb. Anhang II. c

844. *Haüe* = aiue („aide").

862. *Desc'a tant que* = dusqu'a tant que = jusqu'à ce que.

863. *La boine* = „la borne". *Boine* ist für bone, welche Form von Burguy (Grammaire de la langue d'oïl) mit bodne, bonne, borne erwähnt wird. *Boinne* kommt im Ysopet de Lyon (v. 2657) vor.

869. Godefroy übersetzt *forvoier* mit s'écarter du bon chemin.

885. *Hort*, sowie *hor* (890) = hoir; „héritier".

901. *Vainne* = Subj. Präs. 3. Sg. von venir. Vergl. v. 862.

911. *Ses* statt *ces*.

917. *Assil* = exil.

922. „Das äufsere Zeichen ist dann weit entfernt (ist gleichgültig): denn diese Sorge haben die Heuchler . . ."

925. Dieser Vers ist von Godefroy unter dem Worte *aubel* = peuplier blanc („Weifspappel") angeführt, lat. albatum. Es sollté *daubé* = „weifs angestrichen" heifsen, lat. dealbare, und so ist der Reim wieder hergestellt. Vergl. Matth. XXIII, 27.

969. 970. Von Godefroy angeführt unter dem Worte *sabelin* = zibeline.

994. *Con regratier* = wie Kleinkrämer.

1001. *Rigibent por rivel* = sträuben sie sich durch Uebermut.

1003. *Den* in Gegensatz zu *por defors*.

1005. *Paroce*. Für die Endung vergl. *viloce* (1362).

1010. *Li chiés*, das Haupt = Gott.

1014. *Issaichent* = y saichent.

1016. *Es cies* = aux cieux.

1017. *N'ai* muſs hier stehen im Sinne des Prov. *n'a* = „en a".

1019. *Ohie* = nfrz. ouïe.

1021. *Huichier* = „crier". Unter diesem Worte werden v. 1020—1021 von Godefroy angeführt.

1027. *Sales* = selles.

1029. *Vars* = espèce de ſourrure.

1030. *Cruiz* = Geknirsch (der Zähne).

1031. *Chapes* = manteaux.

1032. *Manteau engoulé* = mit einer Oeffnung ſür den Kopf versehener Mantel.

1034. *Esror* = error.

1040—1041. Von Godefroy angeführt unter dem Worte *espenir* = expier.

1042. *Antechiez*. Vergl. v. 551, Anmerkung.

1048. *Fomes*. Vergl. 1090. = ſemme.
Mechine = „jeune fille".

1059. *Geus* = judaeos.

1073. Matth. VII. 15.

1074. *Se reponre* = se cacher. Vergl. v. 304.

1081. *Suïr* („suivre") kommt auch in einem anderen Teil dieser Hs. vor, und diese Stelle wird von Godefroy angeführt.

1102. *Manre* = meindre. Der Sinn ist: Wenn sie ihrer Kleider beraubt wird, so ist von ihr der geringere Teil übrig.

1108. *Fronc* = ſront. *Fronc* kommt im Ysopet (2247, 2748) vor.

1111—1112. Von Godefroy angeſührt unter dem Worte *ennoircir* = rendre noir.

1114. *Perir* = détruire.

1115. Hier ſehlt ein Vers.

1124. *Estoigne* = éteigne. „Bis es (das Feuer) erlösche."

1127. *Pordue* = perdue.

1128. *Ahue*. Von aidier, Ind. Präs. 3. Sg. Vergl. v. 365.

1132. *Maires* = mères.

1134. *La Brahine* = die Unſruchtbare. Die Hs. auf f.° 44 d hat ſolgendes:

Samuel qui mout sains bons ſu
Et Samson a la grant vertu
De does ſomes *braenes* ſurent.

1141. *Soistié* = soïsté [lat. societatem].

1142. *Esploitier* = agir.

1160. *Provignier*. Vergl. v. 205, 213 und 915.

1174. Diese Zeile ist unklar. *Ruens* mit *roions* (= région, pays) und *tainons* mit *tansons* (= tençon) zu erklären scheint weitläuſtig. An nſz. tenon ist nicht zu denken. Die einfachste Erklärung wäre *rues* statt *ruens* zu setzen und *tainons* als eine Ableitung von tana, „Höhle wilder Tiere", anzusehen. Vergl. Diez, Et. Wb. tana II a und tanière II. c.

1175—1176. Von Godefroy angeführt unter dem Worte *escorcier* = préparer.

1229—1230. Von Godefroy angeführt uuter dem Worte *broi* = fange.

1235—1236. Von Godefroy angeführt unter dem Worte *estuier*. Vergl. v. 483.

1257. *Neteons* = nfz. nettoyons.

1260. In der Hs. steht *mal et hons*. In v. 1292 haben wir „*qui dessevre les bons de mals*" und *mals et bons* ist wohl hier zu setzen.

1270—1271. Von Godefroy angeführt unter dem Worte *semonte* = invitation.

1293—1296. Sind von Godefroy angeführt unter dem Worte *roiste*, welches er mit escarpé, rude, raide übersetzt.

1362. *Croler* = wanken. *Viloce* = vilesce (nfz. vieillesse). Vergl paroce, 1005.

1382. *Feels* = feoils [lat. fideles].

1416. *Baut* = hautain, fier.

1465—1466. Von Godefroy angeführt unter dem Worte *repentement*.

1467—1470. Von Godefroy angeführt unter dem Worte *cil*.

1485. Hier hat die Romania *seignor*, in v. 1487 *s'amandent*, in v. 1489 *[et] hoïtante*. Unter dem letzten Worte führt Godefroy v. 1489—1492 an.

1492. Nach dieser Zeile steht noch in roter Tinte:

Sancti sp̄s adsit nobis grā.

VITA.

Natus sum George Fuhrken Londinii a. d. III Kal. Nov. anno h. s. LXX patre Eugenio, matre Carolina e gente Gibbs, quorum illo superstite gaudeo, hanc mortuam deploro. Fidei addictus sum evangelicae. In schola publica Leys Cantabrigiensi per sex annos quum studuissem, universitatis Bangorensis (North Wales) per sex menses civis, deinde universitatis Cantabrigiensis tres annos civis fui. Deinde Testimonium Baccalaurei Artium adeptus sum. In Germaniam immigravi, et in universitate Halensi per duos annos studiis maxime philologicis operam navavi.

Scholis interfui classimorum virorum:

Cantab: Boquel, Braunholtz, Breul, Rippmann, Roberts,
Halis: Haym, Suchier, Wagner.

Quibus viris omnibus praesertim vero Suchier viro illustrissimo gratias ago quam maximas.